GUERRA

FÍSICA

INDIRECTA

GUERRA BIOLÓGICA

1

Guiovani Gastañaga Alvarez

GUERRA FÍSICA INDIRECTA

GUERRA BIOLÓGICA

Autor /Editor:

GUIOVANI GASTAÑAGA ALVAREZ

Av. Prolongación Paseo la República 7719 Dpto 402 – Santiago de Surco – Lima – Perú.

e – mail:

 guigasalva@gmail.com;

materialdeguerra2011@hotmail.com

Teléfono: +511-998462606 - +0511-4919417

Primera edición digital, diciembre 2020

ISBN: 978-612-00-6737-6

ISBN asignado d2d: 979-822-74-9737-6

DERECHOS DE AUTOR

4

Algunas cosas en la vida son difíciles, si quieres que se vuelvan más fáciles "Solo avanza, no retrocedas" tienes que ser parte de la suma, no de la resta.

JDBD – dic 2020

AGRADECIMIENTO Y ALCANCES:

Quiero agradecer a todas aquellas personas que me ayudaron a escribir este pequeño libro con la finalidad de proporcionar algunos alcances sobre lo que puede significar la amenaza y las prerrogativas de una guerra biológica como vector de una guerra física indirecta.

Guiovani Gastañaga Alvarez

Guiovani Gastañaga Alvarez, Cusco - Perú. Estudios secundarios en el Glorioso Colegio Nacional de Ciencias, creado por el Libertador Simón Bolívar en el año 1825. Licenciado en Ciencias Militares en la Escuela Militar de Chorrillos, estudios de Comando y Estado Mayor en la Escuela Superior de Guerra del Ejército del Perú, Magíster en Desarrollo y Defensa Nacional, título otorgado por el Centro de Altos estudios Nacionales del Perú (CAEN). Oficial retirado en grado de coronel tras servir casi 35 años al Glorioso Ejército. Investigador y escritor de publicaciones entre las más importantes La Estrategia de Compra y el Plan de Inversiones destinado a la implementación de equipamiento destinado a la defensa, docente de las áreas de Inversión Pública, Planeamiento Estratégico, Tecnología Militar, Balística y Geopolítica; asesor en Sistema de Inversión Pública y sistema de contrataciones nacionales y en el mercado extranjero.

7

Guiovani Gastañaga Alvarez

ÍNDICE

Guiovani Gastañaga Alvarez

Guiovani Gastañaga Alvarez

INTRODUCCIÓN

En el mundo casi todos los Estados son signatarios de una convención que prohíbe el desarrollo, la producción, el almacenamiento y la destrucción de armas bacteriológicas (biológicas) y toxinas, este marco normativo internacional proviene del año 1 972 y recién a partir del 26 de marzo de 1 975 entró en vigor para el cumplimiento obligatorio de todos los firmantes.

También considera como depositarios de este acuerdo al Reino Unido, a los Estados Unidos y, por esos años, a la Unión de República Socialistas Soviéticas. Al año 1 977, ya todos los miembros permanentes que conforman el Consejo de Seguridad de las Naciones Unidas (Estados Unidos, Reino Unido de Gran Bretaña e Irlanda del Norte, Federación Rusa, Francia y China) ya formaban parte de esta convención.

Guiovani Gastañaga Alvarez

La Convención prohíbe desarrollar, producir, almacenar o, de otra forma, adquirir o retener agentes microbianos u otros agentes biológicos o toxinas, así como armas, equipos o vectores destinados a utilizar con «fines hostiles o en conflictos armados». Para tal efecto, la Organización Mundial de la Salud (OMS), estable una guía relaciona a la respuesta de la salud pública frente al accionar de las armas biológicas y químicas, documento que describe como agente biológico a los que dependen para surtir efectos de la multiplicación dentro del organismo de un ser viviente, el mismo que se constituye en el blanco y son preparados con «fines bélicos» para causar enfermedades o la muerte de seres humanos, animales o plantas; siendo estos transmisibles o no transmisibles.

Tanto la normatividad y la guía nos muestra que no habría una regulación absoluta sobre la prohibición para otros campos diferentes al

Guiovani Gastañaga Alvarez

militar. Al no existir una regulación explícita, deja un vacío específico y tal vez inaplicable para todos aquellos tipos y cantidades que estarían destinados para los fines profilácticos, de protección u otras formas que supuestamente estarían orientados para usos pacíficos, por tanto, resultaría ambiguo, contradictorio o ingenuo descartar que los desarrollos para fines distintos al militar en el futuro no podrían constituirse en potenciales vectores de ser usados en una guerra biológica.

Es difícil hacer una diferencia si la investigación destinada a desarrollar agentes para otros fines, bajo el argumento del principio de legítima defensa, puedan ser usados para fines militares, defensivos u ofensivos dentro de una guerra física directa o en su defecto como acciones enmarcadas dentro de una guerra física indirecta, cuando un Estado vea afectada ostensiblemente sus intereses geopolíticos o su integridad de supervivencia.

En el caso de que un Estado hegemónico opte por una guerra física indirecta, donde sus consideraciones, alcances, tipos y formas de accionar no necesariamente contemple el uso de medios militares para alcanzar el Principio del Binomio de Sujeción, la convención sobre la prohibición de uso de agentes biológicos, deja también otro vacío legal: pues el espíritu del accionar deliberado de agentes biológicos para atacar a los humanos y alcanzar efectos de contagiosidad con microorganismos patógenos y otras entidades, como serían los virus, los ácidos nucleicos infecciosos y los priones, no necesariamente pueden ser usados por organizaciones militares y constituirse como armas biológicas.

La diseminación de un agente biológico, como podría ser una guerra cibernética o de las acciones de concientización de masas por los medios sociales actuales, entre otros, al ser acciones encubierta, podría ser usada a través de otras agencias gubernamentales. En ese sentido, resultaría válido, pero no legal y proscrito el uso del agente biológico como vía usada como vector para alcanzar un fin supremo determinado.

La prohibición del desarrollo, de la producción, el almacenamiento de armas bacteriológicas (biológicas) y su destrucción se dio como producto de las consecuencias ocasionadas en la Primera Guerra Mundial, conflagración donde las fuerzas beligerantes emplearon esos medios de guerra química y bacteriológica, acciones que generaron sufrimiento a cada una de las partes de manera indiscriminada.

En este sentido, las prohibiciones nacieron bajo el principio fundamental del derecho

Guiovani Gastañaga Alvarez

sobre la conducción de hostilidades, es decir, al empleo de agentes en el campo militar. En ese mismo sentido, la guía también mantiene el mismo espíritu dimensionado bajo el contexto específico del uso militar, en consecuencia, este aspecto se constituye en otro punto ciego que abre las puertas para permitir el accionar bajo las prerrogativas de una guerra física indirecta.

Por tanto, los nuevos avances en la tecnología en ingeniería genética y biotecnología hacen factible el desarrollo de agentes para fines profilácticos y naturaleza científica, en ese orden de ideas, se mantiene un grave problema porque ¿quién podría garantizar o limitar la creación, cultivo o manipulación de cepas naturales o artificiales basados en su ADN o en la aplicación de otros métodos moleculares, desde los menos simples hasta los más complejos y agresivos para la vida humana, que en el futuro podrían ser potenciales de uso como un vector para alcanzar el Principio del Binomio de la Sujeción?

Otro aspecto importante en la actualidad es la calificación baja que le asigna a la probabilidad de la realización de un ataque con armas biológicas, puesto que aún mantiene un concepto enmarcado en acciones realizadas dentro del ámbito militar y que su diseminación demandaría numerosas dificultades técnicas. Esas consideraciones requieren considerar los nuevos ajustes sobre la diseminación de agentes biológicos, ya que podrían efectuarse de distintas maneras, como bajo un procedimiento de propagación de persona a persona, que no requiere de la disponibilidad de equipamiento militar especializado.

Guiovani Gastañaga Alvarez

CAPÍTULO 1

EL PRINCIPIO DEL BINOMIO DE LA SUJECIÓN

Poder y potencial mundial. -

La hegemonía se ve representado por el dominio que ejerce un Estado o un conjunto de Estados sobre otro u otros Estados para imponer sus aspiraciones, y ese dominio lo ejecuta por medio de un «poder mundial» y un «potencial mundial» alcanzado por la supremacía lograda en el campo económico, político, militar y social como factores más importantes entre otros.

El poder mundial de un Estado es la actitud de poner a disposición toda su fortaleza en medios materiales, de recursos humanos y de las estrategias adoptadas para alcanzar sus aspiraciones, visiones u objetivos geopolíticos globales. El potencial mundial de un Estado se

Guiovani Gastañaga Alvarez

constituye en la capacidad de influir, proyectar, aproximar e imponer el poder mundial sobre otros Estados.

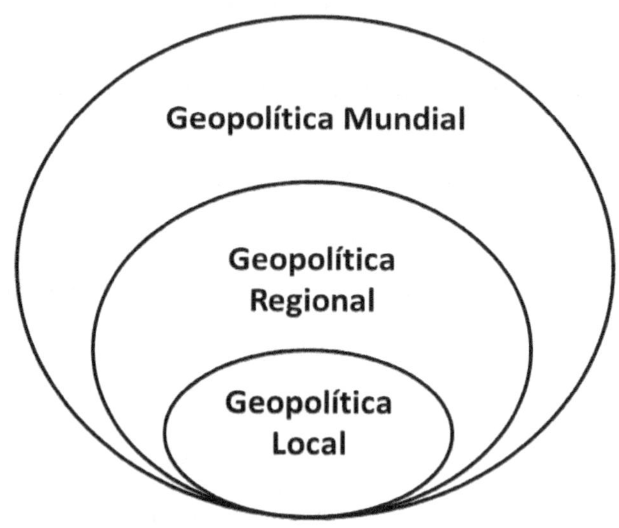

FIGURA 1. Tipo de aspiraciones geopolíticas que puede tener un Estado.

El tipo de geopolítica, de acuerdo a las prerrogativas en poder y potencia alcanzado y que aspira un Estado, pueden ser de una «geopolítica local» cuando el dominio solo se enmarca dentro del contexto de sus fronteras; de una «geopolítica regional», cuando el área de

Guiovani Gastañaga Alvarez

interés e influencia va más allá de sus fronteras cercanas, pero no de un carácter totalitario que alcance el dominio de todas las dimensiones de la tierra, entendiéndose como dimensiones al campo territorial, marítimo, aéreo y el espacial. En el caso de una «geopolítica mundial» corresponde a la aspiración de dominio total de todas las dimensiones de la tierra; en este sentido, las prerrogativas tanto de poder como potencia corresponde al carácter mundial.

Sobre la base de esos conceptos, podemos ver que la historia de la humanidad siempre estuvo ligada por la supremacía de unos sobre otros, es decir, que siempre ha existido una geopolítica sustentada bajo el «Principio del Binomio de la Sujeción», en realidad, este principio considero que siempre formó y forma parte de la ley natural de la vida, pues esta ley ayuda a establecer el equilibrio de los sistemas en el camino de la lucha por preservar la especie humana sobre la faz de la tierra, en

Guiovani Gastañaga Alvarez

consecuencia, esta base legal natural en cada futuro de la existencia de los seres humanos en el universo, siempre estará presente.

La polaridad hace que las cosas fluyan o existan, para una mejor comprensión de lo indicado, tenemos que para encender una bombilla de luz eléctrica, es necesario disponer de un polo positivo y otro negativo; para la creación de un ser humano, se requiere de lo que aporta un varón y una mujer; ante el mal se opone el bien, etc.; por tanto, la existencia del Principio del Binomio de la Sujeción en la lucha hegemónica, a través de los miles años que han pasado, han creado la aceptación y la convivencia entre las sociedades, ya que, eso da el equilibrio en la vida de los Estados, porque crea reglas, leyes, afianza o impone hábitos o costumbre. Cuando empieza a romperse este principio entre los pueblos, se instituye el punto de inicio del desencadenamiento de la virulencia de los conflictos o guerras, de la tendencia a la libertad, independencia o de la restitución del principio de legítima defensa, que en algunos casos puede crear caos y anarquía temporal.

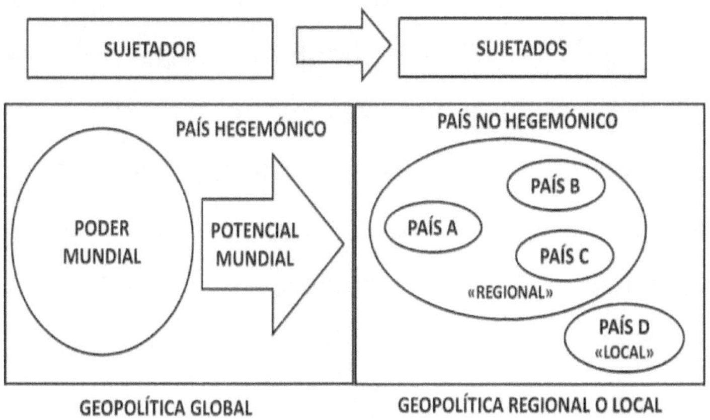

FIGURA 2. Principio del Binomio de la Sujeción, dentro del ámbito de la geopolítica global, regional y local.

El grado de capacidad para influir, proyectar, aproximarse o de imponer el Principio del Binomio de la Sujeción, mucho ha tenido que ver en su materialización el nivel o grado de conocimiento científico y tecnológico

Guiovani Gastañaga Alvarez

alcanzado por un Estado, pues, al contar con ese tipo de medios, le permitirá tener ventajas sobre los otros y así mucho más fácil le será alcanzar la hegemonía. Un ejemplo de lo indicado, vemos cómo el Imperio Japonés, durante la Guerra del Pacífico con los Estados Unidos, no le quedó opción alguna, sino la de rendirse frente al poder militar, que se le impuso con el lanzamiento de las bombas atómicas sobre las ciudades de Hiroshima y Nagasaki.

Es importante hacer hincapié, que si revisamos los hechos cronológicos que se desarrollaron en la vida del hombre, nos daremos cuenta de que los últimos descubrimientos de la ciencia y la tecnología, en primera instancia, han sido empleados en la fabricación y el uso de armas de guerra, para luego recién ser puestas al servicio de otras actividades relacionadas con el hombre.

Poder y hegemonía en la historia. -

En la Edad de la Esclavitud, se pudo apreciar que el surgimiento y desarrollo de las primeras civilizaciones se focalizaron en áreas de interés e influencia más allá de sus fronteras geográficas, por tanto, la hegemonía concebida en esa época estuvo marcada por una geopolítica de naturaleza regional para imponer la voluntad sobre los pueblos y alcanzar la hegemonía de sujeción por medio del vector poder y potencial militar.

En esa Edad, el factor económico se constituyó como la fuente primaria de la expansión de cada uno de los pueblos, siendo el referente principal «la esclavitud» como la actividad más relevante e importante, en vista que, la mano de obra obtenida de los cautivos de la guerra se constituyó en la fuerza motriz para la construcción de los imperios. Como ejemplo de ello, podemos enumerar a las antiguas civilizaciones védicas en la India, la China antigua, Grecia, Roma, el Imperio de Persia, Macedonia, Mesopotamia y Cartago.

Durante la Edad del Feudalismo, vemos que se mantuvo la geopolítica de naturaleza regional en el campo hegemónico, como lo fuera la Edad de la Esclavitud, pero a este aspecto se agregó el factor religioso, es decir, que además del vector, poder y potencial militar, se sumó la religión como forma de poder y potencial político. En esta parte de la historia del mundo, se guardó el predominio y la imposición de la doctrina de pensamiento hacia la fe cristiana, originándose las guerras y enfrentamientos religiosos contra las culturas árabes y el islam.

Asimismo, prevaleció en esta edad el oscurantismo, el retroceso en materias de las artes, las ciencias y las humanidades, siendo el punto más relevante la implantación del sistema feudal, por tanto, al ser el aspecto principal, la doctrina religiosa, la búsqueda de la piedra filosofal y el elixir de la vida, la hegemonía tenía como mayor peso específico la naturaleza política.

Durante el siglo XIII, cuando la Edad Media vivía ya sus últimas décadas, se inició el camino sin tregua hacia áreas geográficas del Asia y África para extender su poder y potencial, y así lograr alcanzar una hegemonía política y económica por parte de las civilizaciones referentes de esa época, incorporando posteriormente a esta cruzada a fines del siglo XV, al continente de América.

Estos acontecimientos en realidad dieron origen al camino de como dividirse el mundo de una manera diferente, eso demandó el lanzamiento de expediciones arriesgadas, sin conocer a ciencia cierta si la tierra realmente era plana o no, dejando de lado cruzadas por tierra o rutas navegables cerca de las costas.

Con esos hechos nació el concepto totalitario de «hegemonía mundial», es decir, una geopolítica global sustentada bajo un poder y potencial mundial; por supuesto, la búsqueda de nuevos lugares llevados por sus aspiraciones, en realidad fueron motivados por el factor económico como variable más importante para alcanzar una supremacía futura.

En la Edad Contemporánea, el desarrollo de la industria de Europa a fines del siglo XIX entró en una crisis que muchos expertos lo catalogaron como el período de la gran depresión, pues ese fenómeno hizo que los países industrializados de Europa tengan que buscar otros mercados y lugares donde puedan obtener materias primas a costos menores y baratos. El desarrollo de los medios de transportes, como los trenes y en especial los buques, fueron puntos que permitió el desarrollo del poder marítimo o naval y de otros mecanismos que lógicamente ayudarían a que las expediciones a realizarse tengan aspiraciones de corte geopolítico global.

En este siglo, prácticamente Europa de manera abierta entró a la carrera por el dominio totalitario del mundo y del predominio en el continente. Las naciones europeas consideraban que el poder de un Estado provenía de la conquista de territorios, donde profesaban que cuan más grande era el territorio conquistado, pues mayor sería el prestigio de la nación.

Las grandes guerras mundiales. -

Los hechos que se generaron en el siglo XX con la Primera Guerra Mundial marcaron nuevos procedimientos en la guerra, a diferencia de las anteriores que se llevaron a cabo respecto a las estrategias y uso de los medios militares, sin embargo, se mantuvo el mismo sentido y objetivo por la que se enfrentaron los Estados hasta entonces, donde las causas de dichas conflagraciones bélicas provenían de hechos ligados a buscar la hegemonía mundial y el vector principal era lo económico.

En esta parte de la historia, vemos como ya el salvajismo en el empleo desmedido de los medios militares se constituyó en el vector para buscar o mantener la hegemonía entre unos a otros. En esta conflagración, además de haber hecho uso de armas de guerra consideradas como convencionales, se incorporó la vía letal de la guerra química con el gas mostaza, sin que

Guiovani Gastañaga Alvarez

interesen los efectos nocivos, devastadores y destructivos sobre la vida humana, pues muchos miles de miles de soldados fallecieron por el uso de esa arma letal.

Lo más importante que marcó la Primera Guerra Mundial, en realidad, fue el desarrollo exponencial de la industria militar. Se introdujeron nuevas máquinas de guerra, como imponentes acorazados y submarinos, por primera vez se incorporó al espacio aéreo como nuevo escenario de la guerra, donde los aviones se convirtieron en las nuevas máquinas de combate.

Desde una óptica geopolítica global, esa guerra, además de las sanciones económicas contra Alemania que diezmaron su aspiración hegemónica mundial, creó en Europa un nuevo ordenamiento de poder geográfico: la primera protagonizada por aquellos países que perdieron sus prerrogativas sobre otros Estados; y la segunda, los demás países europeos a pesar de que trataron de mantener el dominio alcanzado antes de la guerra, más bien ese aspecto favoreció y colocó en un proceso de ascenso hegemónico a la economía norteamericana.

En medio de este proceso de lucha por la hegemonía mundial, salió a relucir la revolución rusa en el año 1917, acontecimiento histórico y de gran relevancia, porque en el futuro marcaría una nueva vía en la búsqueda y lucha por la repartición del mundo, es ahí donde aparece un nuevo bloque hegemónico e ideológico del siglo XX, denominado la Unión de Repúblicas Socialistas Soviéticas.

En la Segunda Guerra, entre los años 1 939 y 1 945, se escribió en blanco y negro la repartición del globo terráqueo, al margen de todas las campañas militares de los distintos teatros de guerra y en diversos territorios del mundo, esa guerra dejo para la humanidad pérdidas sociales

Guiovani Gastañaga Alvarez

y económicas irreparables. Cuando se inicia la contraofensiva soviética y todas las acciones de los aliados de occidente, en realidad cada pueblo liberado, sea por los soviéticos o los aliados, se sumaban a ser parte de alguno de esos bloques de poder que empezaban a tomar forma del poder mundial; porque años después nacería la Guerra Fría. Cada territorio liberado sea por un lado u otro, esos se adherían a la ideología y al modelo político-económico de sus libertadores.

La Guerra Fría como nueva forma de conflagración mundial la considero como una Tercera Guerra Mundial, ya que, los vectores y modus operandi fueron distintos a las estrategias clásicas de las guerras físicas directas que se habían dado hasta entonces, en donde los protagonistas antes eran los propios hegemónicos en los campos de batalla mediante el enfrentamiento material de sus ejércitos para lograr alcanzar su fin y luego imponer su voluntad. En esta guerra calificada como fría,

Guiovani Gastañaga Alvarez

sus acciones se materializaron por primera vez en acciones de disuasión, en operaciones encubierta y en la consecución de guerras focalizadas y protagonizadas por otros actores distintos a los hegemónicos, en realidad, en esta época aparecería el concepto que lo denomino la «guerra física indirecta».

La teoría de la disuasión fue concebida como el empleo de las armas nucleares como parte del poder y potencial militar que pueda disponer un Estado, eso también significaba que, no interesando la inferioridad nuclear de una fuerza, su accionar podría ocasionar graves daños y destrucción extrema.

Los años de la Guerra Fría estuvieron ligados a una carrera sin tregua, dedicada al desarrollo de quien pueda tener un número mayor de cabezas de guerra nucleares, fenómeno que originó una gran incertidumbre en todo el globo, pues el accionar latente y permanente que representaba sea por los Estados Unidos o la Unión de Repúblicas Socialistas Soviéticas, causarían la destrucción del planeta.

Las operaciones encubiertas suelen ser acciones planificadas para generar un efecto desde el más mínimo hasta el más destructivo o dañino posible, donde sus estragos y consecuencias pueden ser materializados y percibidos por el mundo, sin embargo, suele ser muy difícil poder identificar su origen, procedencia y mucho menos rastrear o establecer la responsabilidad del que lo planificó y ejecuto. Como vectores de este tipo de acciones que se pueden emplear tenemos a: las operaciones de inteligencia y contrainteligencia; la guerra electrónica, la guerra psicológica, y por supuesto el vector de la guerra biológica.

Para comprender la guerra física focalizada por otros estados, ponemos como ejemplo lo sucedido durante la Guerra Fría con el enfrentamiento fratricida protagonizado entre Corea del Norte y del Sur, que en realidad fue una guerra tras las cortinas lideradas por las dos hegemonías de esa época, los Estados Unidos, a favor de Corea del Sur, y la Unión de Repúblicas Socialistas Soviéticas, hacia Corea del Norte.

CAPÍTULO 2

FORMAS DE GUERRA Y ACTITUD ESTRATÉGICA DE LAS HEGEMONÍAS

Guerra física directa e indirecta. -

Diversos historiadores, estrategas militares o tratadistas han calificado o clasificado a las gestas militares, navales y aéreas de diversas formas y maneras, como por ejemplo en guerras convencionales, conflictos de alta o baja intensidad, guerras de desgaste, maniobras de aproximación indirecta, etc. Dentro de cada una de esas formas de guerras, se habrían desarrollado, dependiendo la situación, diversas maniobras militares clasificadas en operaciones ofensivas, defensivas, operaciones retrógradas, de cobertura, desembarcos anfibios, operaciones verticales, entre otros.

Para entender lo que significa el Principio de Binomio de la Sujeción respecto a las formas y

Guiovani Gastañaga Alvarez

maneras de ver las acciones militares, navales o aéreas que lo clasificaron o catalogaron muchos especialistas, hay que diferenciar las conflagraciones vistas desde el punto de vista de la doctrina en el campo militar, con las protagonizadas por los Estados que aspiran alcanzar o tratar de mantener como fin supremo el dominio hegemónico del mundo. Estas acciones de enfrentamiento por alcanzar la geopolítica global se constituyen en «guerras físicas directas» y en «guerras físicas indirectas».

Esta clasificación tendría como punto de partida los hechos históricos acaecidos a finales del siglo XIII, época en la cual los Estados, por la búsqueda de alcanzar prerrogativas que les permitan lograr un dominio de unos sobre otros, obligó a que abran nuevas rutas comerciales más allá de creencia que la tierra era plana o que solo existiera la ruta terrestre de la seda. Es ahí que comenzó la óptica de «cómo me divido el mundo para mis intereses», en vista que, las hegemonías existentes en esa época dejaron sus aspiraciones geopolíticas del ámbito regional, y pasaron a la óptica de una geopolítica global.

Una guerra física directa por la búsqueda de la hegemonía y división mundial se constituye en el enfrentamiento evidente del empleo de medios materiales militares dentro de campos de batalla geográficos, y son protagonizados por ejércitos o fuerzas beligerantes, especialmente en campañas. En este caso, el pertrecho militar se configura en el vector de poder y potencial mundial usado para implantar el Principio del Binomio de la Sujeción.

La guerra física indirecta se empezó a evidenciar con mayor grado después de la Segunda Guerra Mundial por parte de las hegemonías de ese momento. En esta forma de guerra tal vez se optó en cierta manera a tener en cuenta el respeto a la vida humana y de evitar la destrucción de la tierra, porque luego de la segunda gran conflagración mundial se crearon una serie de organizaciones y normas, como Naciones Unidas, los cuatro Convenios de Ginebra de 1 949 y sus correspondientes protocolos adicionales, tratados donde se reconoce el derecho a ejercer ciertas actividades, como socorrer a los militares heridos, enfermos o náufragos, visitar a los prisioneros de guerra, intervenir en favor de la población civil y, en general, velar porque las personas protegidas sean tratadas en conformidad con el derecho humanitario.

Los Estados optan por el derecho internacional humanitario (DIH) llamado «derecho de los conflictos armados» o «derecho de la guerra», que comprende el reconocimiento de dos ramas, el «derecho de Ginebra», orientado a proteger a los militares que no participan en los combates, y a la población civil, que no participa directamente en las hostilidades. El «derecho de La Haya», determinan los derechos y obligaciones de los beligerantes al conducir las operaciones militares y donde se limita la elección de medios para perjudicar al enemigo.

Lo mencionado anteriormente y comparando con los hechos que se fueron desarrollando hacia delante en la tierra, pareciera que sería una forma de hipocresía o cortina para tapar en realidad la naturaleza salvaje que mantiene el ser humano en su interior cuando el poder vuelve ciego a los hombres y trata de alcanzar o mantener el embeleso de poder.

El respeto a la vida humana es contradictorio, ya que, aunque las guerras pasadas ocasionaron miles o millones de víctimas, formaron convenciones o tratados supuestamente para proscribir la mutilación humana, sin embargo, los Estados siguen con la carrera armamentista, ya no con la fabricación de grandes cantidades de acero, pero si cargado con alta tecnología en sistemas y medios sofisticados, pero, sea cual fuera su empleo, esos artefactos mantendrán su naturaleza de dañar irreparablemente a la humanidad en un contexto de guerra física directa.

FIGURA 3. Formas de guerras por la hegemonía mundial.

La guerra física indirecta representa el enfrentamiento político, económico y/o ideológico con la finalidad de mantener o

Guiovani Gastañaga Alvarez

querer imponer el Principio del Binomio de la Sujeción hegemónica. Los vectores con las que se materializa esta guerra provienen en esencia de otros campos de la actividad humana, distintos al empleo del campo militar como enfrentamiento físico directo para imponer sus condiciones, como ejemplo de formas o vectores podremos identificar a la guerra, ideo política, la guerra socio psicológica, la guerra económica, etc., el ejemplo más representativo de este tipo de conflagración fue la Guerra Fría.

Guiovani Gastañaga Alvarez

Actitud estratégica de las hegemonías. -

La actitud estratégica es como procede un Estado respecto a otros Estados para alcanzar o mantener su hegemonía mundial. El comportamiento y la predisposición del Estado hegemónico se evidenciará según las circunstancias y las amenazas que puedan afectar sus intereses. En relación con el tipo de aspiración de dominio mundial, los Estados diseñan y organizan su poder y potencial mundial con las prerrogativas para optar por una actitud definida de acuerdo con las circunstancias. La actitud estratégica que pueden optar los Estados hegemónicos de acuerdo con la situación alcanzada puede ser de naturaleza «Activa» o «Pasiva».

La prominencia de los Estados hegemónicos en la actualidad deriva siempre de mantener el estatus alcanzado, por tanto, suelen ser muy cautos y evitan llegar a un enfrentamiento

Guiovani Gastañaga Alvarez

directo entre ellos por medio de una guerra física directa para ejercer el Principio de Binomio de la Sujeción, es decir, evitan la actitud estratégica activa por medio del enfrentamiento militar, en razón que el poder y potencial militar alcanzado más allá de las armas convencionales que dispongan, su arsenal nuclear los conduciría a su propia destrucción y de extinción.

Un ejemplo de lo indicado recordemos la crisis de los misiles en octubre del año 1 962 protagonizadas por los Estados Unidos y la Unión Soviética, quienes en su afán de dividirse el mundo estuvieron a punto de comenzar una guerra nuclear, si se materializaba el desencadenamiento de ese hecho, habrían sido devastadoras para ambos bandos y por supuesto del mundo entero.

Guiovani Gastañaga Alvarez

PROBABILIDAD DEL TIPO DE GUERRA POR ADOPTAR PARA MANTENER SU HEGEMONÍA		ESTADO HEGEMÓNICO "A"	
		ACTITUD ESTRATÉGICA ACTIVA	ACTITUD ESTRATÉGICA PASIVA
ESTADO HEGEMÓNICO "B"	ACTITUD ESTRATÉGICA ACTIVA	GUERRA FÍSICA DIRECTA	GUERRA FÍSICA INDIRECTA
	ACTITUD ESTRATÉGICA PASIVA	GUERRA FÍSICA INDIRECTA	GUERRA FÍSICA INDIRECTA

CUADRO 1. Probabilidad del tipo de guerra por optar para mantener su hegemonía.

Entre Estados hegemónicos, cuanto mayor sea la transferencia de una actitud estratégica pasiva hacia una opción activa, el nivel o grado de destrucción de esos Estados hegemónicos tendrá un alto porcentaje de extinción mutua, ya que, ellos habrían decidido ser los principales protagonistas del enfrentamiento militar, es decir, optar por una guerra física directa; por esas razones, el enfrentamiento más adecuado entre las hegemonías en la

Guiovani Gastañaga Alvarez

actualidad se constituye en la conducción de una guerra física indirecta. La Guerra Fría fue la que sentó las bases sólidas de la guerra física indirecta.

Hay que añadir que un Estado que opta por tener una actitud estratégica pasiva ante la comunidad internacional para alcanzar o mantener una posición hegemónica no significa que tenga debilidad en el campo militar para enfrentarse a sus rivales o adversarios, al contrario, el optar por una actitud estratégica pasiva lo pone en una posición más ventajosa frente a una actitud activa, porque significa tener poder y potencial militar para sus aspiraciones geopolíticas globales y tener otras fortalezas mucho más sólidas que le pueden alcanzar sus objetivos. Creo que, ante los ojos de la humanidad en su conjunto, el intervencionismo territorial, así como la injerencia sobre las soberanías de los países, tienden a ser proscritas.

Guiovani Gastañaga Alvarez

Una hegemonía que opta como política de dominio mundial, una actitud pasiva, según sus conveniencias e intereses, le es más fácil y ventajoso pasar a una actitud estratégica activa, por tanto, la guerra física directa sería la continuación de una guerra indirecta.

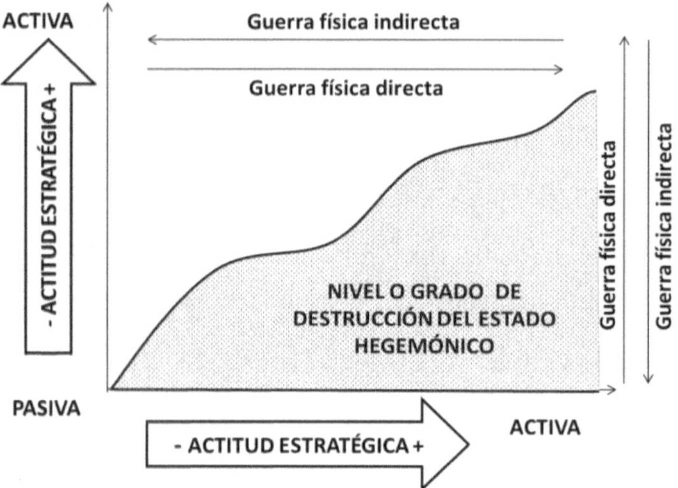

FIGURA 4. Nivel o grado de destrucción del Estado hegemónico.

Opciones de una guerra física indirecta. -

Las opciones que pueden tomar los Estados hegemónicos en la búsqueda de dividirse el mundo por medio de una guerra física indirecta pueden darse mediante la «disuasión», las «operaciones encubiertas» y de los «conflictos focalizados por otros actores».

FIGURA 5. Opciones que puede tomar una guerra física indirecta

La disuasión como guerra física indirecta es la amenaza que realiza un Estado con el uso de las armas nucleares para imponer el Principio del Binomio de la Sujeción, pues se basa en el grado de incertidumbre y miedo destructivo sobre sus adversarios. Bernard Brodie, especialista en disuasión nuclear y estratega militar conocido como "el Clausewitz estadounidense" y "el estratega nuclear original", según sus estudios e investigaciones como arquitecto inicial de la estrategia de la disuasión nuclear, trató de determinar el papel y el valor de las armas nucleares tras su creación, en 1959 dijo que las armas nucleares deben estar siempre listas, pero nunca usarlas.

Los conflictos focalizados por otros actores se constituyen en el enfrentamiento militar protagonizado por aquellos Estados considerados como sujetados dentro del Principio del Binomio de la Sujeción, estos conflictos son originados por los actores principales hegemónicos y ellos no se enganchan en una guerra física directa, es decir en operaciones militares, sin embargo, el fin supremo que buscan simplemente está orientado hacia sus intereses.

Las operaciones encubiertas que pueden llevar las hegemónicas suelen ser acciones en las que no se puede identificar a quienes las provocan, pero cuyos efectos y consecuencias son evidentes y tangibles ante la humanidad. Como vectores de este tipo de operaciones tenemos a la guerra biológica, las operaciones de dominio del espectro electromagnético masivo, las operaciones de guerra psicológica para concientización de masas, la guerra cibernética, la guerra de manipulación de datos a través de los medios de redes sociales abiertas, etc. Además, se debe de tener en cuenta que una guerra física indirecta puede desencadenar a una guerra física directa entre los actores principales.

Guiovani Gastañaga Alvarez

La guerra biológica como vector. -

La guerra biológica, como opción de una física indirecta, es un vector destinado a buscar la hegemonía, pues es un potencial de aquellos países con infraestructura en recursos materiales y humanos, de un nivel avanzado en ciencia y tecnología con capacidades para crear, mantener, diseminar, controlar y erradicar agentes biológicos (virus, bacterias, hongos y parásitos) o patógenos.

En una guerra biológica, los patógenos alcanzan a las masas de la población a través de las vías de infección que son prácticamente las entradas de diseminación, pueden ser estas por inhalación, ingestión o por transmisión sexual, sea según el caso por las roturas en la piel (heridas, incisiones quirúrgicas, quemaduras, úlceras, etc.), por el tubo digestivo donde los patógenos digestivos se transmiten por alimentos o bebidas contaminados, por el

Guiovani Gastañaga Alvarez

aparato urogenital o por el aparato respiratorio donde esos microorganismos son reclutados en el pulmón u otro órgano del cuerpo humano.

El Estado que lo disemina como vector de búsqueda de la hegemonía sabe que su accionar no debe tener efectos perversos sobre su propia población, eso implica la necesidad de diseñar un planeamiento e implementación de políticas nacionales de salud pública; contar con una infraestructura hospitalaria para la atención masiva de pacientes en todos los niveles desde la ambulatoria hasta las instituciones de salud más complejas; disponibilidad de centros de aislamiento o de cuarentena; y además de laboratorios con medios avanzados para el desarrollo e investigación que permita disponer del antídoto o la vacuna destinada a erradicar o neutralizar el agente biológico.

La diseminación de los agentes biológicos podrían ser efectuados de dos maneras, uno sobre áreas geográficas ubicadas fuera del área de interés del diseminador, y la otra iniciadas en su propio territorio, por tanto, en importante tener en consideración que la transmisión entre personas a personas puedan darse de diversas formas o vías de expansión del agente biológico, el agente biológico al ser un enemigo invisible, una vez diseminado este es capaz de sobrepasar cualquier frontera, territorios y no respetar en ninguna circunstancia condición social o económica de las poblaciones. Eso implica que el diseminador debe tener las capacidades de control y erradicación del virus, bacteria u otro agente, porque si no este tipo de operación encubierta podrían causarle su propia destrucción.

Cuando el patógeno sea expandido en el territorio del adversario hegemónico o en otras áreas de interés geográfico que no corresponda al diseminador, esta forma de acción distorsiona la intencionalidad real del que atacó con el agente biológico, puesto que ante la opinión pública y la comunidad internacional le es más fácil que el diseminador pueda deslindar su responsabilidad y ese hecho atribuir a otros actores. Si un virus o bacteria se disemina en su territorio, es una opción estratégica mejor justificada respecto a las responsabilidades e intenciones del hegemónico, ya que estos actos pueden fácilmente atribuirle a un hecho accidental producido en su país, o victimizarse ante la comunidad mundial arguyendo que fue atacado por otro Estado con este tipo de medio. Cuál fuera la forma de diseminación que adopte el que ataca, su fin supremo en realidad sería buscar la hegemonía mundial.

Efectos deseados de la guerra biológica. -

La guerra física indirecta con el uso de agentes biológicos crea daño físico y psicológico a la población, y se constituye en una coacción y sometimiento hacia los Estados, los efectos dañinos que se generan durante una pandemia crean un alto grado de riesgo, incertidumbre, desconfianza e inseguridad latente contra la vida de cada una de las personas, y del desarrollo normal de cada una de las actividades de las naciones.

El no poder contener o controlar los efectos generados por una pandemia por parte de los Estados, ese hecho los llevaría a una gran devastación de sus masas poblacionales y de la destrucción de sus economías. Tengamos en cuenta que un patógeno diseminado por una guerra biológica no diferencia condiciones económicas ni clases sociales, ni tampoco respeta el derecho a la vida y a la integridad

Guiovani Gastañaga Alvarez

humana, tampoco respeta las fronteras geográficas ni la soberanía de los pueblos, por consiguiente, esa afectación a la normalidad de la vida de cada uno de los Estados genera en realidad el sometimiento de sus economías, el quebrantamiento de su ordenamiento social y, por la búsqueda de la salvación, caen en la politización de la pandemia.

FIGURA 6. Efectos que se busca por la adopción de una guerra biológica

El sometimiento de las economías de los Estados como efecto que se busca se ve evidenciada porque hace que se cierren las puertas de los medios de producción, se paralicen los comercios, las industrias, los mercados, crean crisis económica de diversa forma y magnitud en todos los países afectados. Por supuesto, los niveles desempleo y la inestabilidad económica, se convertirán en el molde natural de la sociedad.

Se tiene que comprender que el optar por una guerra biológica por parte de un país como medio para buscar la hegemonía, su accionar destinado al sometimiento de las economías, podría concebirse desde dos formas para alcanzar sus objetivos:

— La primera situación sería que los efectos de la guerra biológica atacarían de manera ostensible a los países consumidores y a quienes se constituyen en las fuentes de

Guiovani Gastañaga Alvarez

materias primas, intermedias o terminadas, dependientes del adversario con aspiraciones geopolíticas globales.

— Una segunda forma, estaría orientado a crear la devastación económica sobre aquellos países sujetados y del propio adversario hegemónico, con la finalidad de establecer una restructuración del ordenamiento económico dentro de los mercados y el comercio internacional.

El quebrantamiento del ordenamiento social como efecto deseado, se evidenciaría según vayan pasando los meses, y el virus o bacteria se esté esparciendo en todos los lugares, ante ese efecto las naciones cerraran las puertas de su actividad económica, se paralizará el desarrollo de la vida humana, los países entrarán en estado de emergencia, donde miles o millones de muertos se registrarán por todos lados, miles o millones de personas estarán obligados al confinamiento con algo de esperanza, otras estarán paralizadas por el miedo y con estrés. Según pasen los días, los efectos generarán conflictos, desde los más leves a los más violentos entre los humanos. Situación que se generará porque la interacción entre ellos estará marcada por la preservación de su prole, por lo que los Estados tendrán que someterse al Principio del Binomio de la Sujeción por las hegemonías.

Una politización de la pandemia como efecto buscado, en casos de emergencia y grave riesgo producido por una guerra biológica, se constituirá en una arma destructiva que impediría crear conciencia colectiva y de solidaridad para hacer frente a la amenaza materializada, porque, cuanto más caos exista en la sociedad, los efectos sobre los Estados serán peores, se incrementará más los costos sociales producto de la enfermedad y se evidenciará el impacto psicológico y emocional negativo sobre la población.

Guiovani Gastañaga Alvarez

En muchos casos, si los gobernantes no juegan un papel racional, de proporcionalidad y de liderazgo con sus poblaciones ante la amenaza, evitando teorías alejadas de la realidad con características de desinformación, o emplear las consecuencias de la pandemia como arma para enfrentar las pugnas políticas, pues creará graves consecuencias y errores en sus propias poblaciones, y los efectos de la politización de la pandemia, irán en favor del hegemónico que haya generado la guerra biológica.

El campo de batalla. -

Los campos de batalla ahora ya no son aquellos donde se despliegan grandes ejércitos, mirándose los unos a los otros, enfrentándose abiertamente con armas de fuego de diferentes dimensiones, como fue la Primera Guerra Mundial y una serie de gestas desarrolladas durante la Segunda Guerra Mundial, en donde el avance de las tropas según ocupaban lugares estratégicos, ellos ponían sus condiciones.

Considerando que los escenarios de guerra han cambiado, y que el desarrollo y empleo de vectores que responden a una guerra física indirecta, no hacen necesario usar el teorema del Principio del Binomio de la Sujeción ocupando físicamente territorios y rompiendo la soberanía geográfica de las naciones con el despliegue de fuerzas militares, ahora vemos que accionar biológico como guerra física indirecta, es un vector válido y no descabellado

Guiovani Gastañaga Alvarez

para alcanzar aspiraciones geopolíticas globales de cualquier Estado que quiera aspirar a una hegemonía mundial.

Una guerra biológica tiene características similares a las actividades de inteligencia y contrainteligencia, donde las evidencias y acciones suelen ser operaciones encubiertas, ya que el mundo o el enemigo podría conocer el resultado de su trabajo, pero establecer su autoría se hace difícil de rastrearla, ni mucho menos probada, ya que se constituye en eventos o acciones silenciosas.

Jamás un Estado va a reconocer que haya efectuado actividades de espionaje, y mucho menos declarar registros oficiales donde se ponga en evidencia la actitud de uso de agentes biológicos, ya que esas acciones están prohibidas por una convención internacional. El contenido de dicha convención deja muchos vacíos legales y de orden técnico, facilitando de

Guiovani Gastañaga Alvarez

esta manera la creación de patógenos que nadie garantiza que esos agentes no puedan ser usados para causar daño a la humanidad.

Desde la Edad de la Esclavitud hasta nuestros días, vemos que el móvil más importante de las naciones por alcanzar o mantener sus aspiraciones geopolíticas de hegemonía mundial, el factor económico, ha sido casi siempre el fin supremo por alcanzar. Para cada uno, primó más la supervivencia de sus Estados sin interesar la preservación de la vida humana, pues en cada gesta, los efectos fueron devastadores para las poblaciones y para los integrantes de cada una de las fuerzas militares, navales o aéreas, si cuantificamos los efectos veríamos que causó la desaparición de muchas generaciones.

Guiovani Gastañaga Alvarez

Los nuevos medios de enfrentamiento. -

Antes las hegemonías se enfrentaban a través de guerras físicas directas, es decir, esos Estados tenían una actitud estratégica activa sobre sus adversarios, a este tipo de actitud se debe agregar a la guerra preventiva que no es otra cosa que una intervención armada que un Estado la ejecuta para prevenir un ataque, es decir, adelantarse al enemigo tomando la iniciativa de desencadenar las hostilidades bélicas.

Una hegemonía que opta por la actitud estratégica pasiva (defensiva), la base principal de esa actitud proviene de la percepción de ser un república pacífica, que no necesita bloquear a los países con miles de miles de toneladas de diplomacia, que ellos no atacan o irrumpen militarmente a cualquier Estado o nación de la comunidad internacional para imponer el Principio del Binomio de la Sujeción; a diferencia de todos aquellos Estados que por la búsqueda y aspiraciones hegemónicas de dividirse el mundo protagonizaron actitudes estratégicas activas (ofensivas) desarrollando una guerra física directa.

Para una hegemonía que profesa como política de Estado una actitud estratégica activa, le es más fácil optar por una guerra física indirecta que contempla como formas de acción a la disuasión, las guerras focalizadas con otros protagonistas y a las operaciones encubierta; en este sentido, una guerra biológica es un vector con un grado alto de razonabilidad de ser usado, porque los efectos que causaría como producto de su accionar, generarían el sometimiento de la economía de muchos países del mundo, se presentaría un quebrantamiento del orden social de los pueblos y también una politización de la pandemia.

CAPÍTULO 3

CAPACIDADES DE UNA GUERRA BIOLÓGICA

Capacidad fundamental y operacional. -

El vector de guerra biológica dentro de una guerra física indirecta contiene «Capacidades Fundamentales», que la conceptualizo como la actitud y los recursos que un Estado hegemónico dispone como Poder Mundial necesario para aspirar a un fin supremo o mantenerlo.

Las «Capacidades Operacionales» vienen a ser el Potencial Mundial, ya que se aproxima y extiende el poder mundial para imponer el Principio del Binomio de la Sujeción y alcanzar o mantener el fin supremo. En la figura y cuadro siguiente, mostramos las capacidades fundamentales y operaciones respectivas, que caracterizan a un accionar biológico como

Guiovani Gastañaga Alvarez

vector de una guerra física indirecta y como fin supremo.

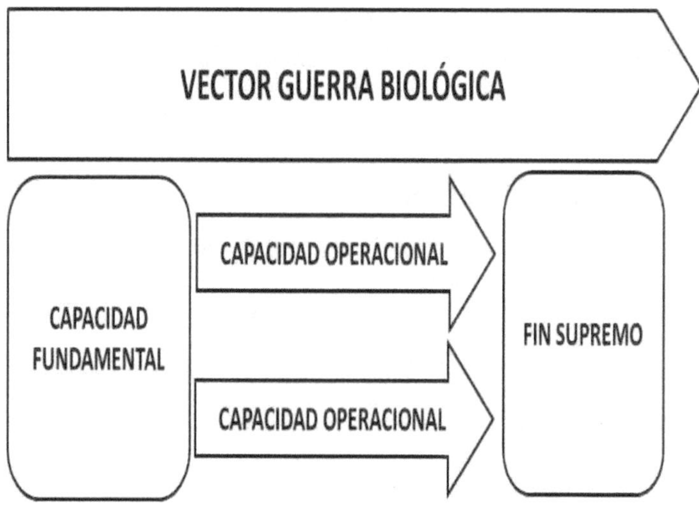

FIGURA 7. Uso de la capacidad fundamental del vector guerra biológica para alcanzar el fin supremo.

Guiovani Gastañaga Alvarez

CAPACIDAD FUNDAMENTAL	CAPACIDAD OPERACIONAL
ESTRATEGIA PASIVA	Guerra física indirecta
RECURSOS Y MEDIOS PARA EFECTUAR GUERRA BIOLÓGICA	Capacidad para crear, diseminar, controlar y erradicar los agentes biológicos.
	Políticas públicas
	Infraestructura hospitalaria y de atención
EFECTOS BUSCADOS POR LA GUERRA BIOLÓGICA	Sometimiento de la economía de los estados hacia algún hegemónico
	Quebrantamiento del orden social de los estados
	Politización de la pandemia o epidemia a favor de algún hegemónico
FIN SUPREMO DEL ACCIONAR	Vía para alcanzar la hegemonía económica
	Vía para alcanzar la hegemonía política

CUADRO 2. Capacidades fundamentales y operacionales de la guerra biológica.

Guiovani Gastañaga Alvarez

Capacidad fundamental – estrategia pasiva. -

La acción de una guerra biológica es más apta para un Estado hegemónico que tenga una actitud estratégica pasiva, en comparación de otros que puedan tener una actitud estratégica activa. Los aspectos que se relacionan a la capacidad fundamental de una actitud estratégica materializada a través de una capacidad operacional de una guerra física indirecta, apuntan de mejor manera hacia un hegemónico donde para sus intereses es más ventajoso de no entrar en una confrontación militar ante un problema con otra hegemonía, ya que, su política exterior de una actitud estratégica pasiva y defensiva, de no enfrentamiento radical sobre el mundo y la comunidad internacional, irían en contra de sus propios intereses reales.

Capacidad fundamental – recursos y medios. -

Esta capacidad fundamental, relacionada con la disponibilidad de recursos y medios en una guerra física indirecta, significa que un Estado para realizar una acción biológica, este, debe de desarrollar tres capacidades operacionales:

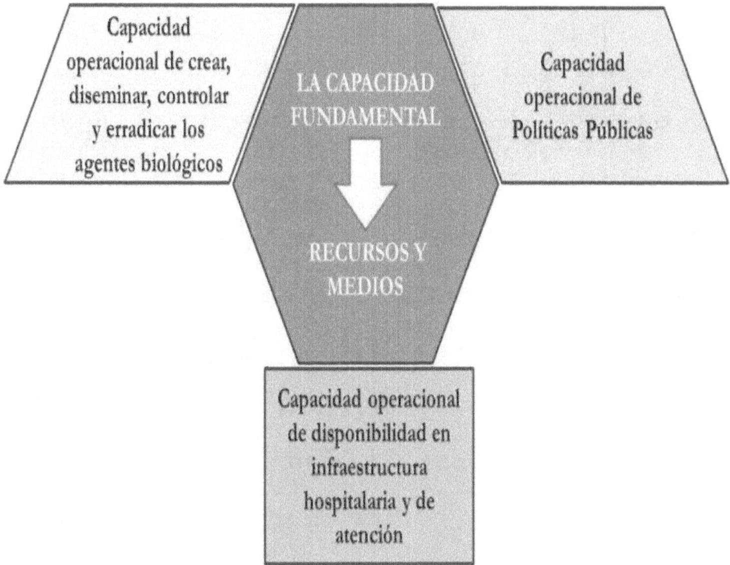

FIGURA 8. Capacidad fundamental – recursos y medios.

– Capacidad operacional, para crear, diseminar, controlar y erradicar los agentes biológicos.

– Capacidad operacional, para establecer Políticas Públicas.

– Capacidad operacional, relacionada con la disponibilidad en infraestructura hospitalaria y de atención.

Alcanzar la capacidad operacional para crear, diseminar, controlar y erradicar los agentes biológicos, es prerrogativa de aquellas potencias hegemónicas u otros países que dispongan de medios en infraestructura para la investigación, la ciencia, la tecnología y disponibilidad de laboratorios especializados con alta seguridad biológica de acuerdo con estándares mundiales, y dotado de medidas de contención para manejar agentes patógenos de grave impacto para los seres vivos del mundo.

Guiovani Gastañaga Alvarez

Esta capacidad operacional, pues, contempla las acciones para contar con infraestructura hospitalaria con prerrogativas para desplegar un sistema de salud en hospitales, movilización de personal médico, distribución masiva de diverso tipo de equipamiento e insumos, como por ejemplo, mascarillas faciales, ventiladores pulmonares, escáneres tomográficos, camas hospitalarias; por otro lado, la necesidad de conformación de muchos equipos de epidemiólogos, para el seguimiento y poner en marcha el rastreo que permita neutralizar cualquier tipo de pandemia. Del mismo modo, la investigación y fabricación de vacunas como referente para hacer frente al agente nocivo, tanto en su propia población como para la distribución al mundo.

La capacidad operacional relacionada con políticas públicas, además de las grandes inversiones en infraestructura hospitalaria y la disposición de laboratorios especializados, se constituyen en las medidas públicas con acciones destinadas para controlar que la diseminación de la pandemia no alcance a la población. Donde los protocolos de confinamiento y cuidados establecidos por el Estado tengan que ser radicales para el tratamiento de las personas infectadas o de aquellas que tengan sospechas de estarlo, incluyendo medidas radicales de aislamiento absoluto de ser el caso.

Entre las medidas que se tomarían como políticas públicas, se debe considerar toda actividad relacionada con el transporte público terrestre y aéreo, el cerrado de lugares donde haya aglomeraciones y concentración de personas, como los centros comerciales, bancos, lugares de diversión y establecimientos que no suministren artículos de primera necesidad, imponiendo de ser la obligatoriedad de desinfección y esterilización diaria.

Guiovani Gastañaga Alvarez

Entre otras medidas importantes que contemplaría esta capacidad, sería el uso obligatorio de medios de protección física de acuerdo con la situación sobre la boca y nariz con mascarillas, toma de la temperatura en cada lugar a todas las personas, el seguimiento de los casos de infectados mediante el monitoreo a través de sistemas de geolocalización con el empleo de diversos medios y dependiendo el tipo de pandemia que se haya generado.

Capacidad fundamental – efecto buscado. -

La capacidad fundamental relacionada con los efectos buscados por el accionar de una guerra biológica en realidad responde al objetivo que aspiraría alcanzar una hegemonía sobre los Estados, este objetivo por alcanzar se daría por medio de las siguientes capacidades operacionales que también se consideran como los efectos buscados por una guerra biológica:

- Sometimiento de la economía de los Estados.

- Quebrantamiento del orden social de los Estados.

- Politización de la pandemia.

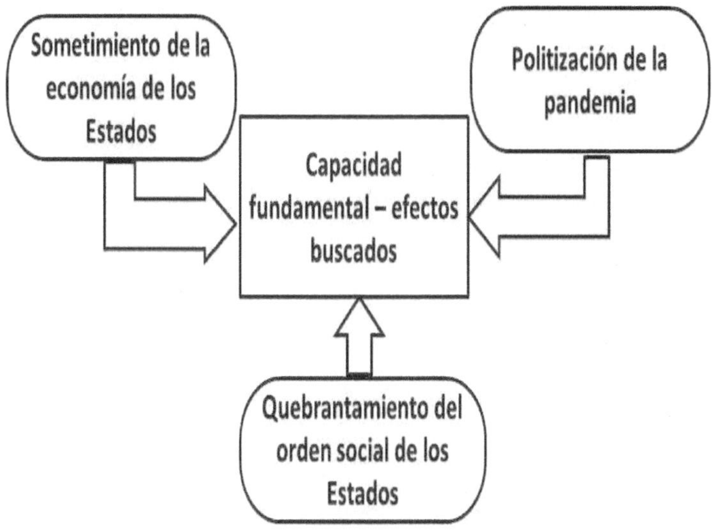

FIGURA 9. Capacidad fundamental – efectos buscados.

La capacidad operacional relacionada con el sometimiento de la economía de los Estados, como parte de un modelo operacional que corresponda a una acción deliberada por la diseminación de un virus, sería para buscar en la sociedad una devastación económica con el fin que los países afectados sean presas más fáciles de la economía de la hegemonía que

Guiovani Gastañaga Alvarez

haya optado por esta guerra física indirecta. En esencia, es para alcanzar el Principio del Binomio de la Sujeción por medio de la dependencia económica y de la asistencia social.

El sometimiento de la economía de los países, sus efectos nocivos estarían orientados en particular a todos los mercados que se constituyan en los consumidores, los que suministren materias primas o recursos para el aparato industrial del adversario hegemónico. Una guerra cibernética o de dominio del espectro electromagnético como vector, tendría consecuencias negativas en un corto período sobre la economía de los países y su afectación tendría un impacto mínimo como objetivo de crear dentro de la población una devastación social, en donde las sociedades sean presa de la desorientación, del miedo y del dolor por las pérdidas masivas de personas.

Una guerra biológica, por su naturaleza letal, desde su diseminación, pasando por las acciones de contención o control, hasta la erradicación del agente biológico, demandarían períodos mucho más prolongados, que incluso podrían abarcar muchos años, en la que incluso se puedan registrar olas sucesivas de contagios. En consecuencia, es indubitable que este accionar crea una situación que pone en jaque mate a todos los países y sus correspondientes áreas de interés e influencia, ocasionado el sometimiento de su economía.

La capacidad operacional relacionada con el quebrantamiento del orden social de los Estados, que afectaría a las poblaciones al no aguantar el confinamiento y romperían las reglas establecidas en las políticas públicas que se hayan dictado, serían producto de las dos siguientes situaciones:

Guiovani Gastañaga Alvarez

- La primera respondería al punto de quiebre de mantenerse entre el confinamiento prolongado o de ponerse en la libertad de tránsito.

- La segunda variable, se relacionaría a la necesidad de que la población pueda satisfacer y cumplir con sus obligaciones económicas, ya que muchos de ellos, tanto empresarios como empleados, el cierre de los comercios, el confinamiento en sus hogares les generaría grandes pérdidas, y más aún en todos aquellos países donde la situación económica no les permitiría disponer de ahorros a sus pobladores los obligaría a realizar trabajos informales sin medir las consecuencias que les pueda ocasionar la pandemia porque primero sería la supervivencia de sus hogares.

La capacidad operacional de la politización de la pandemia es aún más peligrosa. Su radicalización depende de cómo cada gobernante de cada país pueda optar por una posición, sea en un sentido u otro, desde aprovechar sus apetencias políticas, hasta utilizar esta situación como una oportunidad para alcanzar un posicionamiento importante en el mundo. Este aspecto también se constituirá en una bomba de tiempo para alentar incluso a los conflictos internos, que puedan alentar la lucha para modificar del ordenamiento legal de sus países.

Al alcanzar o mantener el posicionamiento hegemónico global por medio de una pandemia mundial, además de las crisis políticas que se puedan generar sobre todos aquellos Estados sujetados y que también puedan afectar directamente al adversario hegemónico, se suma la carrera de quién o quiénes se constituirían en ser el o los

Guiovani Gastañaga Alvarez

salvadores del mundo por medio del logro de la vacuna, que vendría a ser el instrumento de esperanza para preservar la vida de las personas. Este aspecto se convierte en una politización de la pandemia, el alcanzar el triunfo en lograr la vacuna y ponerlo a disposición del mundo.

Este factor importante como forma de imponer el Principio del Binomio de la Sujeción, su influencia no solo tendría un carácter político y económico en cada uno de los pueblos, sino que también eso genera con gran probabilidad la dependencia en los siguientes años o tal vez décadas de los países frente a las potencias que les brindarían esa salvación.

Capacidad fundamental – fin supremo. -

Una pandemia sería la vía más clara en medio de una geopolítica global para alcanzar como fin supremo la hegemonía económica y política, pues sin la necesidad de imponer medios de coacción o la presencia de fuerzas de miles de miles de toneladas de acero, los efectos deliberados de una diseminación de un patógeno sería el jaque mate más acertado al normal desarrollo del planeta, porque así se somete a las economías, se apertura la dependencia de suministros en medicinas y de apoyo de personal médico, ya que estos medios se convierten en fuentes vitales para hacer frente a la pandemia por parte de cada uno de los países. Por supuesto, esas prerrogativas de asistencia son factibles de un Estado que pueda obtener ventajas económicas para la satisfacción de esas necesidades, sin que afecte en ninguna circunstancia a su propia población.

En los Estados menos desarrollados y pobres, el flagelo generaría una política de acercamiento y asistencia del Estado Hegemónico, mediante acciones de donaciones tanto de hospitales de campaña, como la construcción e implementación de centros de monitoreo de emergencias. Este punto les pondría en una posición importante dentro de la comunidad internacional. En esa situación, las circunstancias de una pandemia le resultarían ser muy efectivas para la política y los fines del diseminador.

Los Estados no desarrollados son candidatos a ser parte del Principio del Binomio de la Sujeción como actores sujetados, pues las capacidades de supervivencia se sustentan por lo general en exportación de recursos primarios y de ser solo consumidores. Esas economías menores a las emergentes, al no contar con un rápido crecimiento, las consecuencias generadas por un virus

Guiovani Gastañaga Alvarez

diseminado deliberadamente los golpeará contundentemente, y ellos se constituirían, por tanto, en candidatos potenciales para ser sujetados.

Por su parte, aquellos países considerados emergentes o de economías en pleno desarrollo enfrentarían un camino muy complicado producto de la pandemia, sus economías mostrarían una desaceleración sustancial de crecimiento en los años siguientes, poniéndolos en una posición incómoda de tener que depender de algún hegemónico, en especial de diseminador, porque este último ya habría considerados sus fines y objetivos sobre esas naciones emergentes.

Guiovani Gastañaga Alvarez

9 798822 497376